27
L n 1901.

NOTICE BIOGRAPHIQUE

SUR

M. SINGIER.

IMPRIMERIE DE A. GUYOT,
Rue Neuve-des-Mathurins, 18.

NOTICE BIOGRAPHIQUE

sur

M. SINGIER

Ancien Directeur des Théâtres de Lyon et de Feydeau,

Vice-Président de l'Association des Artistes dramatiques et l'un de ses
Fondateurs, Membre du Comité de lecture de l'Odéon.

PAR M. HURÉ JEUNE

Auteur d'Ouvrages sur les Prisons et Hôpitaux de Lyon, et de
Réflexions sur la Maison Pénitentiaire de Genève.

PRIX : 1 fr. 25 cent.

PARIS.

Chez MM. TRESSE, Palais-Royal.

Michel LÉVY, rue Vivienne, 7.	MARCHAND, boulevart Saint-Martin, 12.
Paul MASGANA, galeries de l'Odéon.	Et place Dauphine, 12.

LYON.

GIRAUDIER, place Bellecour.	Th. GUYMON, rue Lafont, 26.

1847.

1847

A MADEMOISELLE DÉJAZET.

MADEMOISELLE,

Ce n'est pas seulement au talent si distingué, si plein de fraîcheur et de grâce, toujours nouveau, toujours imprévu, que je prends la liberté de dédier cet opuscule, c'est encore à l'artiste au cœur généreux, à l'âme noble et grande !

J'ai tâché, dans un petit nombre de pages, d'esquisser la vie d'un vieillard vénérable, d'un homme de bien, du père des artistes dramatiques, dont la longue carrière a été marquée par une série de bonnes actions.

Pouvais-je mieux placer cette simple biographie que sous le bienveillant patronage de la femme bonne et sensible qui, au milieu des triomphes et des couronnes, au milieu des acclamations de ses admirateurs, a toujours su trouver des consolations pour le malheur, et n'a jamais repoussé le cri de l'infortune.

Veuillez donc, Mademoiselle, agréer cet hommage de l'Auteur, qui verra avec une bien douce satisfaction, à côté du nom de l'honorable Directeur, figurer celui de l'artiste qui sait unir

« L'accord d'un beau talent et d'un beau caractère ! »

Paris, décembre 1847.

HURÉ jeune.

NOTICE BIOGRAPHIQUE

M. SINGIER.

L'humanité vient de faire une perte douloureuse dans la personne de M. Singier, décédé le 1ᵉʳ octobre 1847, à l'âge de 75 ans. Le surlendemain, une messe a été dite avec pompe à Saint-Sulpice, sa paroisse.

La cérémonie funèbre terminée, le cortége, composé des artistes de tous les théâtres de la capitale et des acteurs de la province présents à Paris, auxquels s'étaient réunis tous les amis du défunt, s'est rendu au cimetière du Père Lachaise, et là, après l'inhumation, un des artistes les plus distingués de la Comédie française, comme acteur et comme homme de lettres, M. Samson, prenant la parole, a prononcé, sur la tombe entr'ouverte de M. Singier, un discours qui a vivement ému la nombreuse assemblée (Voir à la page 38 de cette brochure).

M. Singier (Pierre-Alexis), est né à Mortau (Doubs), le 17 juillet 1773.

A peine âgé de vingt ans, il annonçait déjà un caractère énergique, un caractère

d'indépendance qui ne s'est jamais démenti
depuis. Il était président de section à l'é-
poque de la *Convention nationale*, et c'est
là qu'il fit la connaissance de *Talma*, dont
nous aurons occasion de parler plus loin.
L'un et l'autre, patriotes dans la véritable
acception de ce mot, ont rendu à l'humanité tous les services imaginables. Combien
de personnes, d'opinions divergentes, ont
dû leur salut à ces deux excellents citoyens!
C'est, à notre avis, le plus bel éloge que l'on
puisse faire de ces deux amis que la terre
vient de réunir pour ne plus se retrouver
que dans un meilleur monde; de ces deux
hommes d'autant plus méritants qu'ils ex-
posaient leur tête en servant d'égide à des

classes proscrites par des *êtres* à la mémoire desquels l'histoire a fait justice.

N'ayant pu, malgré nos efforts, nous procurer tous les renseignements désirables, nous allons arriver immédiatement à la gestion des Théâtres de Lyon, par M. Singier.

De tous les parterres, celui de la seconde ville de France est peut-être le plus difficile après celui de Rouen.

Les abonnés, la plupart riches fabricants, négociants ou banquiers, donneraient volontiers les chefs-d'œuvres de notre scène tragique et comique pour des ballets ou pour des opéras grands et petits. Ces Messieurs font hautement la conversation dans les loges ou au parterre, parlent *Bourse et soierie* pendant que l'on joue *le Cid*, *le Misanthrope*, *Athalie*, *Zaïre* ou l'*École des Vieillards ;* tandis que l'on entendrait une mouche voler quand on représente la *Fille mal gardée* ou *Denise et André*, *la Vestale*, *Fernand Cortez* ou *la Dame Blanche*. Ces ballets, et surtout ces dernières pièces, ont à coup sûr infiniment de mérite, mais ne saurait-on faire également le plus religieux silence pour entendre *Corneille*, *Molière*, *Racine*, *Voltaire et Casimir Delavigne?* Mais, non! les abonnés du Grand-Théâtre sont, je le répète, exclusifs pour la danse et l'Opéra. (Il en est de même à Marseille et à Bordeaux.)

Aussi, quelle habileté ne faut-il pas pour satisfaire à la fois les exigences quotidiennes d'un pareil public, les intérêts de ses pensionnaires et ses propres intérêts ! Pendant toute la durée de sa gestion, M. Singier sut constamment se montrer le tuteur et le père de ses artistes, se faire estimer de toute la ville et accroître ses revenus. C'est ici le cas de rappeler ce que disait le maréchal de Saxe : « Qu'il aime-
« rait mieux commander une armée de cent
« mille hommes qu'une troupe de comé-
« diens. » Eh bien ! M. Singier, lui, eut la gloire de résoudre victorieusement ce problême !

Parmi les faits qui honorent la vie de

cet administrateur, j'en prendrai un entre mille :

. M. Singier, sachant que l'un de ses pensionnaires, M. D....., chef de l'emploi des ténors, était très-obéré, lui fit l'offre d'une avance de 15,000 fr. ; c'était juste le chiffre de son traitement annuel. Cette somme a été remboursée, il est vrai, à ce directeur ; d'abord parce que M. D...... était un homme loyal ; d'un autre côté, parce que sa position s'était trouvée tout-à-coup sensiblement améliorée par un événement imprévu. Mais, avec de certains artistes que j'ai connus, et malgré la même circonstance, M. Singier en eût été *pour ses quinze mille francs !*

Je puis dire, du reste, pour corroborer mon opinion à cet égard, que cette forte avance a été faite à M. D..... avec la pensée qu'il ne serait vraisemblablement pas de long-temps à portée de la rembourser. C'est, suivant nous, ce qui relève encore davantage le mérite de l'action.

Je n'en finirais pas, si j'énumérais tous les actes de philanthropie, les nombreuses marques de touchante sollicitude de M. Singier envers toutes les infortunes indistinctement, sans acception de personnes. Moi-même, je n'hésite pas à le proclamer, j'ai fait plus d'une fois appel à la bienveillance de cet excellent homme, et jamais ma prière n'a été repoussée.

Aussi ma plume se fait-elle devoir et plaisir de payer à ses mânes mon faible tribut de reconnaissance.

Mais ce n'est pas seulement l'administrateur intelligent et zélé, l'homme probe et obligeant que nous honorons dans M. Singier, nous avons encore à louer en lui le citoyen ferme et courageux dont la prudence, le sang-froid et la générosité épargnèrent à la ville de Lyon, dans une circonstance qui se retrace à notre souvenir, une collision que le caractère connu des Lyonnais et quelques cerveaux exaltés parmi les officiers de la garnison n'auraient sans doute pas manqué d'amener.

Ce fait remarquable, qui parle peut-être

2

le plus en faveur de M. Singier, je puis d'autant plus facilement le signaler, que je me trouvais à Lyon à l'époque où il s'est passé : c'était en 1822.

Mme Léon Fauvet, artiste dramatique, avait obtenu un ordre de débuts sur le Grand-Théâtre, c'est-à-dire, trois représentations, après lesquelles elle devait être acceptée ou refusée, suivant l'accueil que lui aurait fait le public. Son premier début passe sans orage : elle était un peu froide, mais elle disait bien ; on reconnaissait en elle l'entente de la scène. A son second début, cette actrice avait obtenu un succès d'estime, lorsque, tout à coup, d'officieuses approbations, que *je m'abstiendrai de qua-*

lifier autrement, parties de l'amphithéâtre, occupé par le corps d'officiers en garnison, provoquèrent deux ou trois sifflets, auxquels ces derniers ripostèrent par les cris de : *A la porte, les gamins de Lyonnais !* épithète dont ceux-ci se trouvèrent peu satisfaits, comme on le croira aisément.

Le surlendemain, une affiche annonçant à toute la ville que la même actrice terminerait ses débuts dans le *Secret du Ménage*, personnage de Mme Dorbeuil, et cette nouvelle étant accompagnée de la menace, émanant de l'autorité, que l'on venait de renforcer la garnison de trois régiments arrivés des environs de Lyon, des milliers de ses habitants se munirent de pisto-

lets, résolus, disaient-ils, à tenir tête à l'o-
rage qui n'avait fait que grossir depuis l'é-
chauffourée de la deuxième représentation.

M. Singier, le bon, l'excellent M. Singier, craignant, sans doute avec raison,
que le troisième début de cette actrice n'a-
menât une collision sanglante entre la troupe
et les Lyonnais, ce directeur, dis-je, dans
son incessante et touchante philanthropie,
invita l'artiste à se rendre près de lui, et
lui parla à peu près en ces termes :

« Madame, vous savez ce qui se passe à
« votre occasion; vous ne pouvez jouer ce
« soir sans que l'on n'eût peut-être de bien
« grands malheurs à redouter. Vous n'avez
« pas oublié nos conventions? Je devais

« vous donner, en cas de succès, 3,000 fr.

« par an; je ne veux point vous rendre

« responsable de la scène d'avant-hier,

« mais, une lutte sanglante pouvant être la

« conséquence de votre dernier début, je

« vous accorde cette somme sans hésita-

« tion, ni restriction autre que celle de

« quitter Lyon, ou d'y demeurer igno-

« rée. »

Les 3,000 fr. furent acceptés avec reconnaissance, et Mme Léon Fauvet se retira
à Fourvière, village près Lyon. De pareilles
actions n'ont pas besoin de commentaire !
Nous laissons donc au lecteur le soin d'ap-
précier le désintéressement et la générosité
de l'honorable directeur.

Dans la même journée, on vit toutes les affiches du Grand-Théâtre recouvertes d'une bande indiquant un relâche inattendu, motivé *sur la fuite imprévue et prématurée de Mme Léon Fauvet.*

M. Singier, qui venait d'accomplir une si belle action, était loin de se douter qu'elle allait lui valoir une admonition fort étrange de la part du Préfet, M. Debrosse, je crois, qui l'accusait, lui, M. Singier, d'avoir fait connaître au public, par la voie de la *Gazette de Lyon*, le pacte qu'il venait de passer avec l'actrice précitée. Le Préfet, homme aussi *peu tolérant que M. le vicomte Paultre de Lamothe, lieutenant-général, commandant alors la place de Lyon,* alla jusqu'à donner à entendre que, tout Directeur qu'il était, M. Singier pourrait bien compter au nombre des hôtes de la maison d'arrêt. A cela, M. Singier répondit :

« Je ne vous demande, M. le Préfet,
« que le temps indispensable pour mettre
« ordre à mes affaires, et je me rends à
« Roanne (on appelle ainsi la prison dont parlait ledit fonctionnaire). »

Une heure était à peine écoulée, que les portes de la maison d'arrêt se fermaient sur l'intrépide Directeur, et, deux ou trois heures après, il recevait la visite de tous les artistes et de plusieurs des personnes les plus notables de la ville. Par ce témoignage de haute estime, chacun voulait exprimer à ce courageux citoyen toutes les sympathies que sa noble conduite inspirait.

Peu de jours après, une députation du Commerce de Lyon se rendait chez M. Singier, et le priait d'agréer l'offrande d'une magnifique pièce d'argenterie, juste hommage rendu à un beau caractère, à l'homme honorable qui, par sa fermeté et son énergie, avait su préserver la seconde ville de France, sinon d'un nouveau siége, au moins d'une lutte sanglante entre la garnison et les habitants de cette grande cité.

Et j'ajouterai, moi, qu'il n'a pas dépendu du Préfet, ni du général, précités, que Mme Léon Fauvet ne fît son troisième début, et qu'alors Lyon ne fût mis à feu et à sang, tant les résultats les plus funestes et les plus désastreux sont souvent dus à une cause en apparence insignifiante et sans portée ! Telle fut du moins l'opinion de tous ceux qui ont été témoins de l'effervescence dont étaient animés la jeunesse de cette ville, et grand nombre d'hommes d'un âge mûr, fort inoffensifs, fort paisibles même d'ordinaire, qui ne semblaient nullement disposés, ce jour-là, à laisser impunies les provocations d'un corps d'officiers jouissant *annuellement de leurs entrées au Grand-Théâtre, moyennant la modeste rétribution d'une journée de leur solde*, et qui, par cela même, auraient dû se montrer plus circonspects et plus prudents, *surtout dans une circonstance* où évidemment tous les torts étaient de leur côté.

Encore quelques réflexions qui me sont suggérées par la touchante sollicitude de M. Singier pour les comédiens, dont la profession a été si souvent ennoblie par grand nombre d'entre eux !

Combien, en effet, n'en pourrions-nous pas citer dont les actes honorent à tout jamais leur mémoire ? Sans nous étendre sur le patriotisme dont la généralité a fait preuve aux buttes Montmartre et de Chaumont, lors des invasions de 1814 et 1815, et dans les journées de *Juillet* 1830, qui ne connaît la noble conduite de notre *ini-*

mitable Bouffé envers l'un des membres de sa famille ?

Qui n'a lu avec intérêt, dans nos feuilles publiques, les procédés pleins de délicatesse de l'une des plus agréables artistes dont s'honore la scène française, véritable Protée dont le talent jusqu'ici n'a point trouvé de rivaux ? je veux parler de Mlle Déjazet, soit qu'elle donne un asile hospitalier à la vieillesse de Th., ancien acteur de l'Odéon ; soit que, toujours charitable, elle vienne en aide aux malheureux à l'occasion d'une souscription ouverte à Pornic (Loire-Inférieure) lors d'une soirée qu'elle donna devant de jeunes seigneurs qui se montrèrent si parcimonieux ! lorsqu'elle se montrait, elle, la célèbre actrice, si bonne et si généreuse !

Quel est l'habitué des théâtres qui ignore que Moëssard, acteur de la Porte-Saint-Martin, a obtenu, il y a quelques années, le prix Monthyon ?

Et qui ne connaît la généreuse conduite de Lepeintre aîné envers toute sa famille, principalement a l'égard de son *gros* et *joyeux* frère, mort tout récemment ?

Après cette digression, que le lecteur me pardonnera, je l'espère, à raison du motif qui m'anime, je rentre dans mon sujet.

Tant que l'artiste est dans la force de l'âge, tant que les dons de la nature et ceux que l'art y ajoute par l'étude ne sont point affaiblis, il peut vivre en jouissant de cette aisance à laquelle il est si pénible de renoncer : satisfait du présent, il est imprévoyant pour l'avenir.

Et, cependant, arrive la vieillesse, et avec elle les infirmités, son triste et inséparable cortége, infirmités plus terribles, plus poignantes pour les comédiens que pour tout autre, car il doit, avant tout, talent à part, payer de sa personne. Le voilà donc enlevé subitement à son art, peut-être pour toujours aux prises avec la misère, souvent avec l'indigence, terrassé par elle, et terminant enfin, par une agonie lente et pénible, une existence qui n'avait pas été sans quelque gloire.

Rassurez-vous, infortunés! l'homme sous l'égide duquel vous avez vécu heureux et satisfaits pendant l'été de la vie vous ménage, dans son infatigable philanthropie et dans sa sollicitude paternelle, des ressources contre l'imprévoyance, alors qu'aura sonné l'heure de la détresse.

Depuis longues années, en effet, M. Singier travaillait à améliorer le triste sort des comédiens devenus vieux ou infirmes, et, grace à son dévouement, à sa persévérance de tous les instants, l'artiste malheureux trouvera maintenant un grand allègement à ses souffrances, et, après bien des luttes, un port assuré contre la misère et les humiliations qu'elle entraîne à sa suite.

Le projet d'une caisse de prévoyance, pour donner droit aux artistes dramatiques à une pension de retraite, est une des actions les plus remarquables de la vie de M. Singier. Il prouve que, à une capacité administrative des plus rares, il joignait une affectueuse sympathie pour la classe artiste. Il démontre que, si l'habitude des affaires de finance dessèche le plus souvent le cœur de nos hommes de bourse, de nos *Turcarets* modernes, il y avait une exception frappante chez cet homme si bon! Loin d'émousser en lui les sentiments d'une vraie philanthropie, l'idée de ce projet les avait centuplés; de là cette institution si belle, si digne d'une grande âme! d'un noble cœur!

M. Samson, dans le discours qu'il a prononcé sur la tombe de M. Singier, a rappelé les relations intimes qui avaient existé entre cet ancien Directeur et *Talma*, sur le compte de qui nous avons promis de revenir.

Une liaison, dont nous avohs fait connaître l'origine, s'était formée entre ces deux hommes si bien faits, sous le rapport des qualités du cœur, pour se comprendre et pour s'aimer! car ceux qui ont eu le bonheur de vivre dans l'intimité de *Talma*, de *voir le héros en déshabillé*, s'accordèrent a dire qu'il avait dans son intérieur la bonhommie d'un enfant, la douceur et l'aménité la plus charmante.

Talma, après ces brillantes représentations qui attiraient à sa suite tout ce que
Paris et la Cour renfermaient d'amateurs
distingués [1], déposait sur le seuil du Théâ-
tre-Français la toge de Cinna et la pourpre
de Néron, la coupe tragique et le poignard
d'Hamlet [2].

Rendu dans sa retraite chérie, soit à

[1] Et dans la province, lorsqu'il y allait en représentation, il y avait un tel engouement pour voir
jouer notre grand tragédien, qu'on venait de soixante
à quatre-vingt lieues à la ronde!

[2] C'est Ligier qui a succédé à *Talma*, et, s'il est
vrai de dire qu'il n'a pas remplacé ce *célèbre acteur*,
du moins faut-il convenir que, par sa haute intelli-

Paris, soit à Brunoy, ce n'était plus Man-
lius, ce n'était plus le terrible fils d'Agrip-
pine, c'était l'homme le plus simple, le
plus accessible, l'ami le plus sûr, le plus
dévoué. Ainsi de M. Singier.

Quoique dans une position sociale dif-
férente, il était dans son intérieur excellent père, ami sincère, toujours dis-
posé, ainsi que nous l'avons dit, à faire
le bien, à secourir le malheur. De là
cette liaison si intime, si durable que
le temps, qui détruit tout, n'avait pu

gence et les profondes études qu'il a faites, il a su
se rendre digne des leçons d'un pareil maître. Ligier
est élève de *Talma*.

altérer, et qui, pendant une longue suite d'années, avait fait l'agrément et le charme de sa vie. Vingt ans et plus s'étaient écoulés depuis que la tombe s'était refermée sur notre grand *tragédien*. Eh bien ! il vivait encore dans le cœur de son vieil ami ! Oui, la mémoire de *Talma*, après un quart de siècle, n'avait point péri pour M. Singier.

Et, afin de se rapprocher de plus près, lorsqu'il ne serait plus, de celui à qui il avait dû de passer de si doux instants, il exprima dans ses volontés dernières l'intention formelle que ses dépouilles reposassent auprès du mausolée qui recouvre les précieux restes du premier de nos *tra-*

gédiens, de son cher *Talma ;* vœu qui a été religieusement exaucé par la famille de M. Singier.

Et maintenant que je dépose la plume après avoir payé un juste tribut à la mémoire de l'homme vénérable dont nous pleurons encore la perte récente, je puis affirmer que ces lignes ne m'ont été dictées ni par une plate adulation, ni par une blâmable cupidité. J'ai voulu, je le répète, acquitter une dette sacrée pour mon cœur, envers celui qui m'inspira toujours les plus vives sympathies. Un autre motif a aussi dirigé ma plume : j'ai voulu, autant qu'il était en moi, me rendre l'interprète des sentiments de profonde estime et de sincère gratitude dont cette grande famille d'artistes était animée envers l'homme respectable qui, pendant un si long temps, se montra moins le directeur, dans l'acception ordinaire du mot, que le père, le tuteur et l'ami.

Ai-je atteint le but que je m'étais proposé ? Mon œuvre obtiendra-t-elle les suffrages que j'envie ? Je n'ose m'en flatter; mais serai-je au moins récompensé de mes efforts si les lecteurs disent, après avoir parcouru cette notice : C'est bien là le bon, l'honnête, le respectable Singier !

DISCOURS DE M. SAMSON,

Prononcé sur la tombe de M. SINGIER,

Le 3 Octobre 1847.

***

MESSIEURS,

« Loin d'ici ces louauges mensongères auxquelles la tombe n'est que trop accoutumée ! Loin ces pompeuses oraisons où l'on se plaît à parer ceux qui ne sont plus de toutes les vertus qui leur manquèrent !

La vie laborieuse, intelligente, honnête, que Dieu vient de reprendre, n'a pas besoin, pour être louée , de l'exagération de la pensée et du luxe de la parole.

« Parmi tous ceux qui ont suivi ce cercueil, en est-il un séul, je le demande avec assurance, qui ne soit prêt à affirmer que là est renfermée la dépouille d'un homme de bien, d'un homme d'honneur? Messieurs, je ne connais pas, pour les morts, de panégyrique plus éloquent que l'estime publique et des regrets sincères.

« Aujourd'hui, je n'ai point à vous entretenir des triomphes du théâtre, de la célébrité que donnent les lettres ou les arts; je viens vous parler d'honneur et de loyauté : ces choses-là ont aussi leur valeur ; et si nos cœurs palpitent d'un juste enthousiasme au spectacle d'une longue carrière parcourue avec gloire, que nos fronts se courbent avec respect devant soixante-quinze ans d'une probité sans tache !

« J'ai dit que je ne parlerais point des triomphes de la scène ; je me reprends, Messieurs, car, ici près, j'ai aperçu la tombe de *Talma !* de *Talma,* disparu du théâtre et du monde depuis plus de vingt ans, mais dont la renommée, toujours jeune, ne disparaîtra point. Il connut M. Singier, et des relations intimes se nouèrent entre ces deux hommes : leurs tombes vont être voisines, et de ce voisinage naîtra une heureuse illusion : il semblera que les liens qui les ont unis subsistent encore, et que la mort même n'a pas brisé cette amitié, douce habitude de leur vie.

« M. Singier fut l'artisan de sa fortune : il la dut surtout à la rare intelligence avec laquelle il dirigea les théâtres de Lyon : il savait être habile sans cesser d'être loyal. Plus tard, on le vit administrer l'Opéra-Comique, et partout il laissa d'honorables souvenirs. Mais l'époque la plus importante peut-être de sa vie, fut la création de la Société des Artistes dramatiques. Il les avait toujours aimés d'un amour de père : secourable aux plus malheureux, bon et obligeant pour tous, il voyait leur touchante affection l'accompagner jusque dans sa retraite ; et la pensée se tourna vers lui lorsqu'il s'agit de poser les fondements de ce noble et pieux édifice où viennent s'abriter toutes les infortunes de notre grande famille. Sa place était marquée parmi nous. Il s'occupa dignement, il nous apporta le précieux tribut de son expérience ; il eut sa part dans l'œuvre difficile de nos statuts et de notre organisation, et à toutes les époques il concourut à nos travaux avec une chaleur de cœur et une verdeur d'esprit, présages menteurs d'une plus longue vieillesse.

Au moment où le comité établit, sous le nom de pension, une certaine classe de

secours fixes et permanents, ce fut M. Singier qui fut chargé de faire valoir auprès
de nous les droits de l'âge et du malheur.
Ses anciens rapports avec les comédiens le
rendaient, plus que tout autre, propre à
ce genre de travail dont il s'acquittait tous
les ans avec un zèle infatigable. On sentait
que cette tâche lui était douce à remplir;
il aimait à se faire l'avocat du pauvre, et
lorsque la modicité de nos ressources met-
taient des limites à notre charité, M. Singier s'en affligeait, il s'irritait même quel-
quefois, lui qui comprenait si bien l'éco-
nomie, ce devoir des pères de familles, il
ne voulait pas qu'on la pratiquât dans le
bienfait. Sa vie fut remplie de bonnes

œuvres, toutes ne sont pas connues, sans doute ; on sait quelle est, sur ce point, la discrétion des âmes généreuses.

Du sentiment bien compris de l'honneur découlent presque toujours les vertus domestiques : M. Singier offre une preuve incontestable de cette vérité. Aussi cet homme, estimé et chéri au dehors, inspirait à tous les siens une affection profonde, passionnée, et comme une sorte d'idolâtrie respectueuse. Les larmes couleront long-temps dans cette demeure où le père de famille ne doit plus revenir.

Puisse cette famille éplorée trouver du moins quelques consolations dans l'hommage que nous venons rendre à la mémoire du chef respecté dont elle est privée pour jamais, hommage auquel s'associent tous nos frères, tous les artistes dramatiques que le Comité a l'honneur de représenter dans cette cérémonie funèbre ! Nous comprenons quel vide une telle perte laisse dans nos rangs.

La vice-présidence, que nous décernions toujours à M. Singier, est un témoignage irrécusable de la haute estime que nous lui portions. Lorsque, dans une de nos assemblées électorales, le sort jeta son nom hors de l'urne, l'unanimité des suffrages le replaça à l'instant dans le Comité, dont la mort seule devait le faire sortir : ce dut être un de ses plus beaux jours. En songeant aux cruelles épreuves réservées à notre cœur, il est doux de penser qu'il y a des jours de justice unanimes, et qu'il se rencontre des moments où le bien que nous faisons ne nous donne pas un seul ennemi.

C'est donc, Messieurs, au nom du Comité de l'Association des Artistes dramatiques que je viens dire devant ce cercueil : Adieu, Singier ! Adieu, respectable collégue, avec qui je m'honore d'avoir partagé les travaux de la vice-présidence ! Trop souvent l'oubli couvre la mémoire des hommes bons et utiles ; mais votre nom ne périra pas, car vous l'avez attaché à une œuvre grande et généreuse, à une œuvre vraiment sainte, et que j'ai appelée une pieuse croisade contre le malheur de nos frères; vous l'avez vaillamment combattue, et ils vous en bénissent; que votre souvenir nous aide à le vaincre!

Oui, nous le vaincrons! j'en ai la certitude: oui, un jour viendra où les hommes qui cultivent l'art périlleux du théâtre ne connaîtront plus ces misères poignantes qui déchirent le cœur; où leur vieillesse paisible attendra la mort sans la désirer, protégée désormais, non plus par la bienveillance de leurs camarades, mais par des droits acquis; non plus par des secours, mais par des pensions, de véritables pensions écrites dans nos statuts; et ce jour-là, Singier, votre nom grandira encore; des

bénédictions nouvelles monteront vers vous
pour vous remercier de cet avenir qui s'ap-
proche, de cet avenir que vos vœux appe-
laient, que préparaient vos travaux, et
auquel vous sourirez, ombre vénérable!
comme on sourit à une espérance réalisée,
comme on sourit à l'arbre que l'on plante
de ses mains, et qui étale orgueilleusement
aux regards les beaux fruits que l'on avait
rêvés. Adieu!

FIN.